원더우먼 윤채선

피재현

곁이라는 말의 곁에

내 곁에 엄마가
엄마 곁에 아부지가
있었다

우리는 나란히 누운 적은 없다

아부지가 죽고 엄마가 죽고

이 시집은 엄마의 무덤이다

엄마, 얼른 나를 용서해 줘

엄마의 무덤 곁에 시의 무덤

2020년 11월

피재현

원더우먼 윤채선

차례

1부 소반에 콩 고르듯이

2부 냉이가 벌써 끝물이라는데

3부 아이처럼 배시시

1부

소반에 콩 고르듯이

봄바람처럼

아주 잠깐 사이 풍을 맞아
말씀이 어눌해진 엄마를 병실에 눕혀 놓고
수발드는 봄날

나물국에 밥 말아 먹은 엄마는
입가에 이팝꽃처럼 붙은 밥알도 떼어 내기 전에
약을 찾고
혈압약, 뇌경색약, 우울증약
인사돌, 영양제, 변비약까지 한 손바닥
가득 쌓인 약 알갱이
두 번에 나눠 삼킨다

내가 빨리 죽어야 니가 고생을 않을 텐데
말로만 그러고 죽을까 봐 겁나서
꽃잎 삼키듯 약을 삼킨다

병실 창밖 한티재에는 산살구꽃도 지고
마구마구 신록이 돋아나는데

엄마가 오래오래 살면 어쩌나
봄꽃 지듯 덜컥 죽으면 어쩌나

내 마음이 꼭 봄바람처럼
지 맘대로 분다

제비들의 회의

찬바람이 불기 시작하자
제비들이 모여든다

가장 높은 전선 위에
일렬횡대로 모여 앉은 그들은
이제 곧 나서야 하는 기나긴 여정에 대해
이야기를 나눈다

아픈 노모를 어찌할 것인가

속수무책인 듯
말없이
오래 앉아 있었다

밀당

오늘 내가 안 가면 엄마는 환장할 것이다
날 이런 데 버려 놓고 와 보지도 않는다고
나는 고만 죽을란다고 내 죽으면 다 편할 일이니
수면제 탁 털어 넣고 죽어불란다고
온 병실 귀먹은 할망구한테도 다 들리게 소리칠
것이다
그럼 한 할망구가 나서서 여보소 김천댁,
아들도 먹고 살아야지 어예 맨날 들따보니껴
나랑 민화투나 한 판 하시더
하면서 엄마를 달랠 것이다
어떤 할망구는 고만 혼자 놀아도 되겠구만 또 저
런다
지청구를 할 것이다 이런 참에 내가 나타나면
엄마는 언제 그랬냐는 듯 바쁜데 멀라꼬 왔노,
고만 가라, 가라 할 것이다 그러면서도
허리며 다리며 아픈 곳을 주워섬기며
에구구구 죽는소리를 할 것이다
그럼 내가 바쁘다고 엄마 보러 안 오나? 하면서

짐짓 효자인 척 엄마 위세를 좀 세워 준 다음
어깨를 주무르며 내일부터는 내가 정말 바빠서
한 며칠 못 온다, 혼자 좀 있어라 하면
엄마는 또 하는 수 없다는 듯 고개를 외로 꼬고
괜찮다 일 봐라 돈 벌어야 먹고살지
일 봐라 할 것이다 나는 내일 저녁 무렵에나
몰래 와서 엄마가 뭐 하고 노시나 빼꼼히 들여다
봐야겠다
고만고만한 것 같으면 그냥 돌아가야겠다
엄마가 너무 시무룩하여 엄마 없는 아이처럼 가여
우면
'짠' 하고 나타나 병실에 복숭아 통조림 한 통씩
돌리고
엄마 위세나 세워 줘야겠다
그러면 엄마는 또 달짝지근한 복숭아 향에 취해
한 며칠 덜 아프게 살아질 것이다

15

원더우먼 윤채선

할머니가 된 원더우먼 린다 카터를 텔레비전에서 보았을 때, 엄마 생각이 났다 아이들은 학교에서 돌아와 가방을 팽개치면 텔레비전이 있는 마당집에 모여 별무늬 반바지를 입은 원더우먼을 만났다 무적의 원더우먼!

엄마는 하루 종일 밭일을 하고 돌아와서는 아궁이에 불을 지피고 밥을 안치고 마당에 난 풀을 뽑고 밥을 푸고 밥을 먹고 설거지를 하고 빨래를 해서 달빛에 널고 뚫어진 양말을 다 깁고 잠깐 적의 공격을 받은 양 혼절했다가 새벽닭이 울면 일어나 밥을 안치고 들에 나가 일을 하고 밥을 하고 일을 하고 빨래를 하고 또 밥을 하고 그 많던 왕골껍질을 다 벗겨서는 돗자리를 짰다

린다 카터는 할머니가 되어 새로운 캐릭터를 부여받았다 무기는 더욱 강력해지고 그사이 새로 생겨난 영웅호걸들과 어울려 술 한잔하기도 한다

나의 엄마는 여전히 밥을 하고 빨래를 하고 약을 먹고 밥을 하고 냉이를 캐고 약을 먹고 콩을 고르다가 밥때를 놓쳐서 아버지에게 된통 혼쭐이 나고 돌아앉아서 약을 먹고 이렇다 할 전투를 치르지도 않았는데 끙끙 앓으며 잠을 잔다 무릎과 입안에 새로운 무기를 장착하긴 했는데 별 효과가 없다 전동으로 움직이는 슈퍼카를 구입했지만 슈퍼맨을 만나기는커녕 평생 웬수 아버지와 산다

린다 카터는 은퇴를 선택했지만 엄마는 아직도 우리의 원더우먼, 쭈그렁 가슴이 무너져 내려도 별무늬 몸뻬를 입고 혼절한다

앞니

곧 죽을 건데 뭣 하러 이를 하냐고 뻗대는 엄마를 끌고 틀니를 하러 갔다 나이가 팔십 넘었으니 임플란트는 아예 안 될 거라 생각했는데 의사는 엄마 잇몸이 살아 있다며 임플란트를 권한다 할 때 하더라도 저 의사가 장삿속인지 어떤지는 알아보고 해야겠다고 한발 물러서는데 틀니도 비싸서 그냥 살겠다던 엄마가 소고기 맘대로 씹을 수 있다는 말에 눈빛이 초롱해져 버렸다

요양병원에 돌아가서는 아예 우리 아들이 그 비싼 임플 뭔가를 해 주기로 했다며 나는 됐다고 안 한다고 안 한다고 했는데도 기어이 해 주겠다고 저 난리라며 배수진까지 쳐 버렸다 겨울 내내 나무 깎아 번 돈 몽땅 털어 주고 어금니를 해 넣고 엄마와 소고기를 먹으러 다녔다 고기 잘 먹던 엄마가 하루는 야야 앞니가 시원찮아 뜯을 수가 없다 씹기야 어금니가 씹지만 고기라는 것이 앞니로 물어뜯어야 제맛인데 도통 맛을 모르겠다 앞니 타령을 시작했다 하이

고 엄마 할 수 없지 앞니까지 해 넣으면 우리 엄마 이
뻐지겠다 치과 가자고 엄마를 태우고 시내로 가는데
멀쩡하게 오던 엄마는 치과 앞에서 갑자기 정색을 하
고 이빨은 무슨, 안 해도 된다 손사래를 치고 나는
또 내 돈 많다 아무 소리 말고 따라온나 실랑이질을
하면서, 하는 척하면서, 의사 앞에 앉았다

   할매요 앞니는 못 하니더 이가 너무 닳아 아래위
를 다 해야 하는데 고생은 고생대로 하고 돈도 천만
원이 넘게 드니더 어금니만 해도 먹는 데 지장 없으
니 어지간하면 그냥 사시소 엄마는 천만 원이라는
말에 화들짝 놀라 의자를 박차고 일어나 떨떠름한
표정으로 그만 가자고 숫제 내 손을 끌고 치과를 나
오는데 의사가 나를 보고 찡긋 웃는다 말하자면 자
기가 말을 잘해서 당신 오늘 천만 원 벌었소 하는 눈
빛인데 그 의사가 단수 높은 장사꾼이라는 의심이
자꾸만 들었다

어쨌거나 엄마는 팥죽할망처럼 앞니가 없는 채로
나와 소고기를 먹으러 다니는데 아직도 가끔, 앞니
가 없어서 고기 맛이 영 아니라고 국밥이나 먹으러
가자고 어깃장을 놓기도 한다

비밀번호

요양원 출입문 비밀번호는
3535
노령연금 통장 비밀번호는
1938
엄마는 하나도 안 숨기고 다 꺼내 놨지만
세상은 아직 엄마에게
말해 주지 않은 비밀이 많고
엄마는 오늘도 나만 기다리고 있다
나는 엄마의 만능열쇠
세상 어떤 견고한 문도
나를 통하면 다 열린다
엄마의 비밀번호는 우·리·아·들

엄마의 태양계

엄마 방에는 여섯 명의 환자들이 있다
여섯 명의 평균연령은 대략 88세쯤
팔십하나 엄마가 평균을 많이 깎아먹었다
한 사람은 하나의 우주라고 했으니
엄마의 요양원은 소멸해 가는 별들의 태양계
늙은 별들이 사라지고 샛별 대신
다른 은하계 낡은 별들의 이주로 채워지는
유배의 태양계
이 태양계는 유난히 유성이 많아 남은 별들은
궤도를 이탈해 떠나간 어제의 유성에 대해
이야기하고 더러는 유성이 되고 싶어도 하고
엄마는 아직도 외계의 존재를 믿으며 밤마다
우주복을 깁는다
엄마가 꿈꾸는 외계는 깨꽃이 피고 냉이가 지천이며
하루 들에 나가 일을 하면 오만 원을 주는
꿀과 젖이 흐르는 땅이다
나는 그 외계에서 우주선을 타고 엄마를 만나러

부실한 태양계에 자주 진입하지만
내 우주선은 일 인승이라 엄마가 탈 자리는
없을뿐더러
꿀과 젖이 흐르는 외계 따위 존재하지 않는다고
FBI처럼 엄마를 바보로 만든다
엄마 방에는 외계의 있음을 믿지 않는 다섯 명이
내가 다녀가면 엄마를 앉혀 놓고 외계 따윈 없다고
도대체 하느님을 본 사람이 누구냐고
제발 정신 차리라고 엄마를 윽박지른다

엄마는 오늘도 탈출을 꿈꾼다

소반에 콩 고르듯이

엄마 옆 침상의 할머니는 엄마보다 열 살이
많아서 올해 아흔한 살이고
엄마의 병동에서 오 년 차 왕고참이다

어제도 오늘처럼 가을비가 내렸고
앞방 할배 한 분이 돌아가셨다는데
엄마가 꼭 죽은 어매 같다는 왕고참 할머니는
재밌다는 듯 껄껄 웃으면서 어제 죽은
영감 이야기를 시작했다

둘 내외가 같이 들어왔는데요
치매 걸린 할망구를 그 영감이 때때로
들여다보고는 죽을상이 되어서는 제 방으로
가곤 했는데요
한 며칠 안 보이더니 어제 죽었어요
좀 덜 바쁠 때 죽지, 꼭 명절 앞두고 바쁠 때
많이들 죽어요
여기는요

24

소반에 콩 고르듯이 사람이 죽어 나가요
저 보소 저 할망구
지 서방 죽은 줄도 모르고 뭐가 좋아서
또 춤을 추네요

소반에 올라앉은 콩처럼
여섯 할망구가 들어앉은 요양병원 병실에서
나는 모두들 실한 콩이 되어 오래오래
소반 위에 앉아 계시라고
두유 한 통씩을 돌리고는 엄마 자리로 돌아와
엄마는 아직 실한 콩인가 한참 들여다보았다

비틀거리다

텔레비에 먹는 걸 보니 참 맛있어 보이더만
넘어가지를 않는다
늙으면 이렇게 될 줄은 몰랐다

엄마와 삼겹살 이 인분 시켜 놓고 다 먹는데
소주 한 잔도 없이 족히 한 시간은 걸렸다
무엇에 취했는지 술 마신 것처럼 비틀거렸다

요즘은 자꾸 자빠지네! 큰일이다
간호사들이 가요당(계단)으로 못 다니게 하는 게
자빠질까 봐 그런다는데
참말로 자빠지겠네

술 한 잔 안 마시고 엄마와 걸어 보는 요양병원
마당
일렁거리는 별과 질척거리는 땅과
엄마와 또 나는
무엇에 취해서 이리 비틀거리나

늙으면 어지러워져서 술 한 잔 없이도
비틀거릴 수 있게 되나
구름도 달도 늙을 만큼 늙어서 비틀거리며
밤늦도록 쏘다니나

엄마는 담장 밑에서 삼겹살을 게워 내고
나는 내가 비틀거리는 것이 이제 막
피기 시작한 아카시아 꽃향기 때문이겠거니
자꾸만 낭만적 이유를 찾아본다

기지떡을 왜 좀 안 줘서

우리 아들 사 온 통조림은 나눠 먹었는데
네 딸이 해 온 기지떡은
왜 좀 안 주고 다 먹었냐고
내가 그리 쉬워 보이냐고
엄마가 따지는 중이다

배가 고파서 당신 나갔다 온 사이
다 먹고 말았다고 미안하게 됐다고
맞은편 침상의 또 다른 엄마가
열심히 변명 중이다

엄마 그만해라 내 담에 올 때
기지떡 한 말 해 올게
내가 말려 보지만 엄마는 삐지다 못해
분해져서 돌아누웠다
삐질 만하네, 그새를 못 참고 다 먹다니,
속으로 엄마 편을 들면서

28

아까부터 손에 들고 있던 찐만두를
가만히 엄마 머리맡에 눌러두고 나왔다

간호사들은 왜 엄마에게 반말을 하나

난 아들이니까, 어려서부터 아부지한테는 예를
해도
엄마한테는 반말했으니까 만만하니까 그럴 만하
니까

그런데 간호사들은 왜 다짜고짜 엄마에게 반말
을 하나

그사이 정이 들어 친할머니같이 살가워졌나
하루 종일 말을 많이 하다 보니
몇 마디라도 줄이고 싶었나
나이 들면 어려진다더니 정말로 엄마는 유치원생
이 되어
한 교실에 여섯 명씩 누워 억지로 낮잠을 자나
할매 그거 만지면 안 돼, 약 먹어야지, 자 씻으러
가자
할매 할매 아들 와서 좋겠네, 자 이제 자야지

적응 안 되는 어린 간호사들의 반말을 듣고 있자니
엄마도 간호사에게 반말을 한다
나 수면제 좀 주라 잠이 안 와 미치겠다 밥 좀 더
다오
농사짓던 년이 그거 먹고 되나 우리 아들 안 온 지
일주일이 넘었다 니가 전화 좀 해 봐라

아하 엄마와 간호사는 그새 저렇게 친해졌구나 그
래서
서로 말을 트기로 했구나 그도 그렇겠네
내가 안 오면 엄마는 맨날 간호사랑만 노니까
친해도 오지게 친해졌겠네

간호사들은 왜 엄마에게 소리를 지르나

동네 새로 이사 온 집에 영감님이 사신다
그 집 앞을 지나다 보면
아들이고 며느리고 할 것 없이
화난 사람처럼 어른한테 소리를 지른다
버릇없이

노망기가 살짝 있는 그 영감이 어느 날
나에게 말을 걸어 한참 이야기를 하고 있는데
노망에 귀까지 어두워
내 목소리가 자꾸 커졌다

보고 있던 아내가 왜 그렇게 소리를 지르냐고
나를 나무란다
어른한테 버릇없이

국수는 싫어

엄마는 국수를 먹지 않는다
아내는 어머니가 입맛이 은근히 까다롭다고
불만이지만 나는 안다

열여섯 살부터 안동국시 공장에서
공순이로 일하다가 밀가루 냄새가 지겨워
열아홉에 농사꾼 아버지와 결혼을 하고
꽁보리밥은 먹어도 국수는 먹기 싫어

어떤 한 시절은 냄새도 맡기 싫은 법이다
뒤돌아보기 싫은 한 시절이 있는 법이다

엄마는 개고기를 좋아한다
개고기 못 먹는 아내를 풍산장터 중국집에
짜장면 한 그릇 시켜 앉혀 놓고
엄마와 보양식 집에 간다

시어른들 봉양한다고 개 한 마리 잡아

갈비며 알고기들 썰어 놓고도
멀건 국물에 고기 몇 점 입맛만 다시던 엄마
오늘은 수육 한 접시 전국 두 그릇 다 비웠다

성하지 않은 이빨로 수육 한 접시 혼자 다 먹고 나면
슬픔이 조금 가실 때도 있는 법
지금이라도 한번 보고 싶은 사람이 있듯
지금이라도 풀어 보고 싶은 포한이 있듯

겨울은 여기서 나자

고작 사촌 동서의 병문안에 그렇게 울어 버리면 어떡해 그럼 나는 뭐가 돼 가뜩이나 입 싼 아지매가 돌아가 온 집안에 대고 엄마가 병원에 갇혀 외로움에 몸서리치고 있더라 소문을 낼 텐데 나는 꼼짝없이 불효자가 되어

엄마 그러지 마! 옛날에 유명한 서양 어른이 사람은 군중 속에서도 고독하다고 그랬어 그래도 병원이 사람 구경하기는 낫지 않아? 엄마 혼자 집에 있으면 또 밤에 무섭다고 그럴 거잖아 살구나무가 바람에 흔들리는 소리도 뒷산 짐승들 바스락거리는 소리도 니 아부지 살아 있을 때는 들리지도 않더니 왜 그렇게 무서운지 모르겠다 그럴 거잖아

조금만 더 지내 보고 기름값도 비싼데 겨울은 여기서 나고 그래도 집에 가고 싶으면 내가 데려다줄게 많이 무서우면 우리 집에 가서 같이 살자 며느리 눈치 좀 보면 어때 서로서로 눈치 보며 그렇게 사는 거지

엄마 나도 엄마 보러 병원 오는 길이 쓸쓸하고 엄마 두고 돌아가는 길은 아프기도 해 어째야 하나 맨날 생각해도 생각은 안 나고 그나마 엄마가 병원에 있으면 안심은 되지 어디 굴러떨어졌나 집에 불은 안 냈나 별의별 생각 안 해도 되고

답답한 엄마 마음 잘 알지만 그러지 마 그깟 사촌 동서 앞에서 그렇게 어린아이처럼 울어 버리면 나는 뭐가 되냐고 처음 문병 오면서 제일 싼 박카스 한 통 들고 와서는 만 원짜리 한 장도 안 쥐여 주고 가는 동서 앞에서 그렇게 서럽게 울어 버리면 우리 자존심은 뭐가 되냐고

자 연습해 보자 엄마 응 또 누가 병문안이랍시고 오면 자네 왔는가 우리 아들이 집이 춥다고 겨울은 이 병원에서 나자고 그러네 돈도 없을 텐데 아들이 고생이지 뭐 여긴 호텔처럼 따뜻하네 밥도 잘 나

오고 목욕도 시켜 주고 이런 데가 다 있었네 나 살찐
것 좀 보게 하하하 그리고 일단 봄이 오면 다시 생각
하자 엄마 응?

제비꽃 보면

사과꽃 보면 엄마 생각나네
모과꽃 봐도 엄마 생각나네

제비꽃 보면 엄마 생각나네
민들레만 봐도 엄마 생각나네
엄마가 키가 좀 작아서
작아도 너무 작아서
키 큰 며느리 보고 싶어 했는데
며느리도 만만찮게 작아서

제비꽃 보면 엄마 생각나네
민들레꽃 보면 엄마 생각나네

2부

냉이가 벌써 끝물이라는데

돈벌레

좀 더 강력한 약은 없나요

엄마의 방에 엄마의 부엌에 엄마의 뒤란에 기어
다니는 벌레를 향해 살충제를 뿌린다

벌레는 자꾸 엄마에게로 기어가고 나는 일찌감치
엄마에게서 도망쳤다

서른 개의 다리로 걸어가는 벌레를 향해 살충제
를 뿌린다 엄마의 방을 엄마의 부엌을 엄마의 뒤란
을 헤매면 금방 빈 깡통이 되어 버린다

징그러워 죽겠다 돈 한 푼 없는 집에 웬 돈벌레가
극성이라니

나는 빈 깡통을 버리고 다시 차를 몰고 약국으로
간다 작정하고 비싼 가장 강력한 쉽게 바닥을 드러
내지 않을 넉넉한 살충제를 산다

엄마는 내가 없는 사이 장롱 속에서 돈을 꺼내
플라스틱 반찬 통에 담은 다음 호미로 땅을 파고 묻
는다

　　돈 한 푼 없는 집에 웬 돈벌레라니 참 별일이다

끝물 1

냉이가 벌써 끝물이라는데
엄마는 올겨울 냉이를 캐지 않았다

무릎을 꺾고 허리를 숙이고
땅바닥에 달라붙은 냉이를 캐서
허리를 펴고
무릎을 제자리로 돌려놓는
냉이 캐기는
이제 엄마가 할 수 있는 일이 아니다

엄마도 끝물인 것이다

끝물 2

겨울이 다 가는 줄도 모르고 있다가
냉이가 끝물이라는 말에
나는 요즘 오가는 동네길 둔덕을 자꾸만 보고 다
닌다

주머니칼을 만지작거리며
쑥이 올라오기를 기다리는 것이다
불쑥 쑥이 올라오면
옛날의 엄마처럼 보드라운 쑥을 뜯어
쑥버무리를 할 생각이다

밀가루에 무쳐서 사카린을 넣고
밥솥 한편에 쪄
솥뚜껑을 열면 한꺼번에 쏟아져 나오는
달큰한 쑥 향에
취해 볼 생각이다

엄마가 해 주지 않으니

내가 한번 해 볼 작정이다
나는 아직 끝물은 아니니
엄마의 밥상에 맏물을 놓아 볼 것이다

가을볕

모국어도 다 못 왼 문선공이 되어
아들은 시를 쓰고
어매는 팔십이 넘도록
당신 이름 석 자 못 적는다

어매를 돌보던 아배가 죽고
망연히 두 모자 가을볕 아래 앉았다

시인이나 까막눈이나
할 말 없기는 매한가지여서
'아배 보고 싶다'
속으로만 한 줄씩 쓴다

포도는 맵다

엄마는 포도를 좋아한다
낡아 삐거덕거리는 틀니를 빼놓고
포도를 삼킨다

포도는 살아 있는 채로 엄마의 목구멍을 지나
이제 제법 소녀처럼 콩닥거리는 엄마의 심장을
지나
산 채로 잡혀 온 온갖 미물들이 우글거리는 대장
으로
간다
꿈틀거리며 간다

이빨도 없는데 이가 왜 시린지 몰라
다디단 포도가 왜 매운지 몰라
먹다 남은 포도를 엄마는 냉장고 옆 서랍에
숨긴다

어린 딸을 어린이집 종일반에 맡기고

돈 벌러 가던 옛날처럼
엄마를 병실에 두고 돌아와
혼자 먹어 보는 포도는 맵다

난 좀 일찍 죽었으면 해

자주 부음이 와
가을과 겨울 사이 봄과 가을 사이는 늘 그래
친한 친구의 아버지가 죽고
거래처 사장의 장모가 죽기도 해

가끔씩 부음이 오면, 한 생애가 어떻게
살다가 갔는지 잠깐 궁금하기도 했는데
요즘은 스마트폰 보관함을 뒤져서
아버지 장례에 그들이 낸 부의금을 확인하는 게
먼저야
그들의 조문을 기억하지 못하거든

장례 내내 나는 아버지가 미웠고 아버지가
불쌍했고 아버지가 슬펐거든

아직 겨울이 시작되지 않았어
유실수의 어깨에는 무거운 열매들이 얹혀 있고
아직 바람이 못 견디게 차지는 않아

사실 죽음이 그리 슬픈 일은 아니라고 생각해
솔직하게 말하는 게 어려울 뿐

선친의 죽음이 그저 그런 일이라고 말할 수는 없잖아
사실은 그저 그런 일인데 우리도 그처럼 죽을 테고
난 좀 일찍 죽었으면 해
어느 따뜻한 날은 좀 오래 살고 싶기도 하지만
더 이상 쓸쓸함에 길들여지고 싶지 않아
그 쓸쓸함을 견딜 정도로 내가 뻔뻔해진다면
그건 가장 쓸쓸한 날이겠지

오늘은 두 죽음의 부음을 받았어
차례차례로 조문을 하고 한 곳에서는 점심밥을
다른 한 곳에서는 저녁밥을 먹고 술을 몇 잔 할까 해

입원

우리 엄마를 잘 부탁해요
키는 작지만 한때 사람 키만 한 우엉 뿌리를
쑥쑥 뽑아 올렸어요
내 참 기가 막혔거든요
지심뽑느라 손마디가 휘고 더덕 같지만
우리 마을에서는 칼국수의 달인으로 통했어요
그 일정한 두께며 칼질이라니
지금은 몹쓸 병에 걸렸어요
약을 안 먹으면 손을 떨어요 이빨도 다 빠지고
무릎 연골을 갈고 귀도 점점 어두워지네요
간호사님들 우리 엄마를 잘 부탁해요
반말을 해도 좋아요 소리를 질러도 좋아요
그러나 엄마 팔에 주삿바늘을 꽂을 때는
소아과에서처럼 친절하게 엄마를 얼러 주세요
회진을 돌 때는 엄마처럼 작은 키가 되어서
엄마의 눈을 들여다봐 주세요
그러면 엄마는 어린아이처럼 수줍게 웃을 테고
앞니 없이 웃을 때의 그 귀여움이라니

우리 엄마를 잘 부탁해요 간호사님들

환한 꽃들이 줄을 서서

아버지 돌아가시고 사흘 내내 사람들이 아버지 앞에 줄 서서 선불 내고 밥을 먹었습니다 생전 없던 일이지요

욕쟁이 할마시가 하는 밥집처럼 멀리서 맛집 찾아온 사람들처럼 한 상 차려 주는 대로 꾸역꾸역 맛있게 먹고들 갔습니다

밖에는 아버지 베어 낸 목련나무 같은 환한 꽃들이 줄을 서서 사흘 내내 허리 접어 인사를 하다가 아버지 나가시자 따라 나갔습니다

우리 식구들은 벽을 따라 나란히 줄을 서서 손님들을 맞았습니다 생전 보이지 않던 분들이 참 많이도 다녀갔습니다 아버지 성질 고약하다 하시는 분 없었습니다 꿔 준 돈 달라고 온 사람도 없었습니다

웬일인지 가만히 줄을 서서 두 번씩이나 절을 하

고 아버지 아들인 저에게도 절을 하고 줄줄이 지상
으로 달아났습니다 잠깐 다녀간 분들께는 생략했지
만 멀리서 온 분들께는 여비를 드렸습니다

푸른 소금

머리를 곱게 빗은 전옥례 할머니는
엄마더러 자꾸 집에 가라고 했다
혼자 살더라도 집에 가서 살다가 죽으라고
가뜩이나 요양원 탈출을 꿈꾸는 엄마를
부추겼다
당신은 가고 싶어도 갈 집이 없다고
며느리 보기 싫어 제 발로 나왔으니
집이 있어도 돌아가지 못한다고
한겨울 한봄 그렇게 잡혀 있는 동안
일곱이 죽어 나갔는데 나도 곧 죽겠지
오래 살기야 하겠냐고
머리를 곱게 빗은 전옥례 할머니는
나에게 가끔 설탕을 사다 달라고 했다
토마토며 덜 익은 수박에 설탕을
뿌려 여섯 침상 골고루 나누어 주었다
엄마가 퇴원하는 날 '할매요 고마 우리 집에
가서 우리 엄마랑 같이 살아요' 했더니
실없는 그 말에 아흔여섯 전옥례 여사 눈빛이

아주 잠깐 푸른 소금처럼 반짝 빛났다

별이 빛나는 감나무 아래에서

아버지는 가을이 깊어지면 감 따러 오라고
성화를 부렸다
나는 감 따는 게 싫어 짜증을 냈다

내가 얼마나 바쁜 사람인지 아느냐고
감 따위 따서 뭐 하냐고

아버지 돌아가시고 다시 가을이 왔을 때
엄마는 내게 말했다
니 애비도 없는데 저 감은 따서 뭐 하냐

나는 별이 빛나는 감나무 아래에서
톱을 내려놓고 오래도록 울었다

아빠 놀자

내가 아이를 낳아 아빠가 되었을 때
뻥튀기하듯 얼른 키워서 같이 놀고 싶었다
물장난 치면서 오뎅 먹으면서

아빠는 나랑 놀아 주지 않았다
나는 아빠를 경상도 사투리로
아부지라고 불렀다
아빠를 아부지라고 부르다니

아들은 나랑 조금 놀다가
친구들이랑 놀러 갔다
나는 아부지랑 오래오래 놀 수 있었는데
아빠는 나랑 놀아 주지 않았다

나는 아부지가 늙어 아빠가 되어서야
함께 목욕탕에 갔다
내가 데리고 갔다 내가 놀아 주었다
비싼 하드도 사 줬다

중복 앞둔 아부지 첫 제삿날
날은 오지게 덥고
막걸리 사러 간 아들이 돌아오기 전에
아빠랑 물총 싸움이나 한판 하고 싶다

사랑

아프지 마
라고 그가 말했을 때 명치 부근이 아파 왔다
굶지 말라고 말하면 배가 고파질 것 같았다
함부로 말하면 안 된다고 말해 줬다

아배를 보고 오다

맑고 푸른 물속에 넣어 둔 아배가 없어졌다
적벽을 쳐다보며 망연자실 어디를 갔을까
몸이 근질거려 풍산들에 품 팔러 가셨나
농약값 갚으러 읍에 가셨나
산구절초 목을 꺾고
금방이라도 뛰어내릴 것 같은 적벽
물이 좀 차겠다
맑고 푸른 물이 좀 차겠다
되뇌는데 저기 아배가 걸어온다
자갈밭을 성큼성큼 걸어와
맑고 푸른 물속으로 들어간다
아배는 나를 보고도 못 본 척
적벽에 핀 꽃 중에
유난히 흰 꽃에 눈을 두고
물은 맑고 푸를 뿐 차지 않으니
걱정 말고 가라는 듯 연신 넘실거린다

3부

아이처럼 배시시

포옹

누가 나를 좀 안아 줘
나와 같은 체온이
내 밖에
또 있다는 것을
알려 줘

사탕을 주세요

어매는 한 손에 다디단 사탕을 들고
다른 한 손으로 쓰디쓴 가루약을
내 입에 털어 넣곤 했다
나는 흰 눈으로 사탕을 쳐다보며
목구멍을 찔끔 열었다

어린 시절 나를 낫게 한 것은
약이 아니라 사탕이었다

자주 아팠고
사탕 없이 무수한 쓴 약을 삼켰다
눈 질끈 감고 한순간을 견디면
온몸이 달달해지는 사탕의 시간
사탕을 주세요

사탕을 주세요
간구하는 동안 쓴 약이 입에 맞았다
씀바귀나물을 좋아하는 어른이 되었다

돈

엄마는 병원에 누워서 제일 먼저
돈 숨겨 둔 곳을 가르쳐 주었다

냉장고 밑바닥 물받이에는 오백 원짜리가
장독 밑에는 아버지 돌아가시고 뒤늦게 들어온
이웃 부좃돈이 봉투째 숨어 있었다

오래 비워 둔 집에서는 엄마가 말하지 않은
여러 곳에서 돈이 나왔다
싱크대 깔개 밑에서는 제법 큰돈이 튀어나오기도
했다

돈을 믿고 살았구나

남편도 자식도 아니고
엄마는 돈을 믿고 살았구나
악착같이 돈 모으는 재미로 아픔을 잊고

돈 좀 모이면 니 신세 안 진다
큰소리도 치며 버텼구나
노령연금 올려 준다는
문재인이를 그렇게 좋아했구나

일백칠십이만 원
통장을 만들어 떨리는 엄마 손에 쥐여 줬다

콩 한 되

장모가 왔길래
한 되 남짓 되는 서리태를 내놓았더니
웬 콩이냐고 물었다
내가 농사지은 것이라 했더니
어쩜 이리 농사를 잘 지었냐
진심으로 칭찬하신다
사철을 백수처럼 건들거리다
겨우 콩 한 되 추수한 건데
장모도 그걸 모르지 않을 텐데
저렇게 진심으로 칭찬하는 걸 보니
장모는 맏사위를 사랑하시나 보다
어쩔 수 없이 사랑해야 하는가 보다
겸연쩍어져서 그만
술안주 하려고 숨겨 두었던
땅콩 한 되까지 내놓고 말았다
장모는 그걸 또 금이야 옥이야
가방에 챙겨 넣는다

수상한 피자 냄새

그가 마을에 살러 왔을 때 사람들은 수군거렸다
노모가 모아 둔 돈이며 전답이 제법 된다고
하물며 그는 친아들도 아니라, 친모가 죽고
재취로 들어온 새엄마를 모시겠다고 덤비는 걸
보면
그 재산이 탐나 편한 아파트를 버리고
이 촌 동네로 기어들어 온 것이라고
깨를 털던 사람들도 동 회관에 모인 사람들도
단정적으로 이야기했고
그는 단정적으로
죽을 날이 얼마 남지 않은 친어머니도 아닌
어머니를 잠깐 모시고 돈이며 전답을 강탈해 갈
나쁜 사람이 되었다
친어머니도 아닌 그의 어머니는 많이 아팠고
친아들도 아닌 아들은 바빴다
택배 기사 일을 하는 그는 일을 쉬는 날이면
어머니를 부축해 햇살 좋은 곳에 나앉아
푸른 하늘과 어머니를 번갈아 살폈다

아무도 따지 않던 감을 한 상자도 넘게 따
반은 깎아 대문 옆 낮은 담장 위에 올렸다가
거둬들이기를 반복했고 반은 채반에 가지런히
깔아 놓고 홍시가 되기를 기다렸다
그는 얼마 살지도 않을 집을 여기저기
고치기 시작했다 그의 아내를 위해 마당 한쪽에
피자를 구울 수 있는 화덕을 만들기도 해서
어느 날은 온 동네에 생소한 피자 냄새가 번졌다
나보다 두 살 아래인 그는 나와 몇 번 눈을
맞춘 다음부터 나를 형님이라고 불렀다
나는 고향도 아닌 이 촌 동네에 아우가 생긴 것 같아
은근히 좋았지만 마을 사람들 이야기를 들은 터라
무턱대고 경계심을 풀지는 않았다
동네 골목에는 자주 수상한 냄새가 흘러 다녔다

아침

노망이 들어 밤낮없이 동네를 배회하다
아무 데서나 엉덩이를 까고
오줌을 누곤 하는 그녀는

아침 댓바람부터 골목길에 나와 섰다가
친하지도 않은 나에게로 곧장 걸어와서
신랑이 새 옷을 사줬다고 자랑질을 했다

새로 연애를 시작하기에 딱 좋은
살짝 옷깃을 여미게 하는 쌀쌀한 아침이었다

아이처럼 배시시

이렇게 비가 오는 하늘을 날아다니는 새는
아직 철없는 새다
그중에도 많이 젖은 새는
가출한 새다
나이가 좀 들어 보이는데도 경쾌함을 잃지 않는
새 두 마리는
사귀는 새들이다
비가 와도 마당에 내려앉아 젖은 풀 사이를 뒤지
는 새는
어린 새끼가 있는 엄마 새다 아빠 새다

장맛비 내리는데 엄마는 어디 갔는지 불러도 대
답 없고 빈집 마당에 차 세워 두고 날아다니는 새들
따라 시상詩想을 떠올리는데 뒤란 콩밭에서 비에 함
빡 젖은 팔순 노모가 한 손에 호미를 들고 나타나신
다 나쁜 짓 하다가 들킨 아이처럼 배시시 웃으면서,
나도 배시시 웃는다

컨설팅

멀리 사는 친구에게 가서 인생을 이야기하다가 문
득 슬퍼지기도 해서 술을 한잔하기도 하다가 그의 아
내와 싸운 이야기를 듣다가

나는 몇 번 이 먼 곳까지 와서 친구와 술을 마셨는
데 그때마다 친구는 인생이 고달파서 죽고 싶을 때가
있었다고

내가 죽으면 애들은 누가 키우냐고 늦어도 너무 늦
은 경솔한 결혼에 대해서 강한 거부 의사를 밝혔지만
늦어도 너무 늦은

오늘은 친구의 아내까지 불러내어 그녀의 인생 이
야기를 듣다가 문득 슬퍼지기도 해서 한잔 더 하다가

남편이 말썽쟁이 아들을 데리고 사라져 줬으면 좋
겠다고 이젠 일도 그만하고 등 돌리고 잠드는 밤도
그만하고 강처럼 혼자 흘러가거나 산처럼 혼자 높아

지고 싶다고

　이제라도 크게 늦지는 않을 것 같은 그녀를 축복
하며 친구에게 배신자가 되어 술에 취하고 수컷들의
모자람에 대해서 맞장구를 치고 급기야는 혼자 사
는 방법에 대해 컨설팅을 하고

　친구는 화가 나서 식식거리며 먼저 들어가서 잠들
고 술도 덜 깬 아침에는 그만 나 혼자 외로워져서 강
가에 나가 산을 보다가 세수를 하고 다시

　그 집에 들어가 둘이 차린 밥상에 끼여 앉아 해장
국을 몇 숟가락 뜨고 차를 몰고 갔던 길을 거슬러 돌
아오고

김대중컨벤션은 너무 커

광주 김대중컨벤션센터에 행사가 있어
안동 사람들이 버스 한 대로 갔다

일행 중 한 분이
박정희체육관은 쪼만한데 여기는 체육관도 아니
구만
김대중이가 뭐라고
집을 이렇게 크게 지어 줬노
기어이 불편한 속내를 보이고 만다

그냥 듣고 있었으면 될걸
김 대통령은 노벨평화상을 안 탔니껴
한마디 했다가
돌아오는 내내 하필 그 양반 옆자리에 앉아
말 한마디 못 하고 자는 척했다

오래된 냄새를 한 움큼 들고

하늘에서 무슨 냄새가 난다고 자꾸 우긴다
뭐가 있는지 가 보라고
자반고등어 냄새 같은데
쑥국이 졸아드는지도 모른다고 자꾸
하늘을 가리킨다

할매요 하늘에는 자반고등어는커녕
멸치 대가리 하나 안 보이는구만요
엄동설한 이 날씨에 쑥국을 끓일 일도 없구요
달래 보지만 막무가내다 속수무책이다

옆집 할매는 오래된 냄새를 한 움큼 들고
텅 빈 하늘 아래 서 있다
두 손에 꼭 쥐고 안절부절이다

나는 한때 물고기였다

어릴 때 나는 물고기라고 불렸다
피씨皮氏 피시fish
성이 피가라서 아이들은 나를 물고기라고 불렀다
나는 물고기가 되었다
남루한 집구석을 뒤지는 가정환경 조사 때
먼 친척 아재가 빚 받으러 와 행패를 부릴 때
아이큐 제로의 물고기가 되어 입만 뻐끔거렸다
처음으로 자형이라 불렀던 사내가 죽고
갓 스물 넘긴 큰누이가 과부가 되어
뒤란으로 숨어들어 와 서럽게 울고 또 울 때
안면이 일그러지거나
안색이 변하지 않는 물고기의 신공과
슬픔을 잊어버리는 내공을 배웠다
뇌성마비 동생을 혼자 두고 집을 나서면
까맣게 집을 잊었고
돌아와서는 바위틈에 숨은 물고기처럼 잠들었다
나는 커서 어른이 되고 점점 노회한 물고기가 되어
물고기라는 사실조차 잊고 살았다

더 이상 나를 피시라고 부르는 아이들도 없었으
니까
빚도 다 갚았으니까
어느 날 장성한 아이들과 간고등어 굽다가
석쇠 위의 껌먹은 눈 내가 보인다
나는 물고기였지 나는 물고기였지
잠자던 지느러미가 돋아나 아무 소리도 들리지
않는
잘 익은 고등어의 등살을 뜯어 아이들의
밥 위에 올려놓고 큰 돌 밑을 찾아 헤엄쳤다

샛노란 파랑

돈 필요 없다 호기 있게 말했지만
사실은 여기저기 돈이 필요해서
꽃무지 굼벵이라도 키워 볼까 기웃거린다
꽃무지 굼벵이가 무럭무럭 자라나서
세련된 신형 노트북도 되고 심야 전기보일러
난방비도 되고 조연출 밑바닥 기는 우리 딸
파마값도 보태 주면 나는 참 꽃무지 굼벵이를
지극정성 사랑하게 될 텐데
새 옷 한 벌 사 입고 봄 길로 나서면 다시
설레는 사랑도 하게 될 텐데
돈 생각을 너무 많이 했는지 다시 올
사랑에 설레었는지 몸살이 나서
몸의 살들이 몇 날 며칠을 아파서
이십만 원 주고 산 중고 노트북 앞에 앉아
꽃무지 굼벵이만 찾아보다가 문득
욕실의 거울 앞에 발가벗고 서 본다
내 몸이 온통 샛노란 파랑색이다
몸 말리러 나온 꽃뱀의 색깔을 하고

꽃무지 굼벵이 다 먹어 치울 행색이다

락앤락

퇴원하고 꼭 다섯 달째 엄마는 아침 댓바람부터
요양보호사를 시켜 나를 불렀다
또 전동차 때문이다 뻔하다
뇌경색도 걱정이지만 치매 증상까지 있어서
벌써부터 사 달라는 걸 정색을 하고 막고 있었다

오늘 엄마는 전에 없이 점잖다
어떤 결기가 느껴진다

나도 위험한 건 안다만 사람이 하루를 살더라도
이동의 자유가 있는 거다

아, 이동의 자유라니……
글도 모르는 엄마가 어디서 저런 고급스러운
말을 배웠을까

명색이 대학원까지 가서 인권 공부를 한 내가
이동의 자유라는 기본 중에 기본 인권 앞에

할 말을 잃고 백기를 드는 순간
엄마는 호미로 파밭 한편을 푹푹 쪼아서
락앤락 반찬통을 캐 들고 나왔다

니보고 돈 쓰란 소리 안 한다
다섯 달 치 노령연금 일백오십만 원이
고스란히 들어 있었다

동민 여러분

새로 이장을 맡은 권 씨는 아직 마이크가 서툴러
첫음절은 지나치게 크고 서너 마디 건너 하나씩은
더듬거나 끝말을 흐린다

다시 한 번 알려 드립니다 하고는 한 번 새로
또박또박을 시도해 보지만 듣는 사람은 더 헷갈리고
마지막에 이상입니다 하고 방송을 끝내면
그는 좀 후회가 되어서
한 번 더 방송을 하고 싶겠지만
스피커 달린 전봇대 아래 사는 나는 안도한다

이장 직무연수를 만들어
1교시는 마이크 사용법을
2, 3교시는 연강으로 정치적 중립과 한국 근현대사
토론 수업을 하고 마지막 4교시는
새로 이장을 맡은 데 대해 치하를 아끼지 않으며
거나한 환영식을 하고 싶다

예산이 된다면 선거철에는
꼭 긴 해변이 있는 동남아 어디쯤으로라도
해외연수나 선진지 견학을 보내고 싶다

소문이라는

자세를 몇 번이고 고쳐 앉은 것은 지구가 조금씩 움직였기 때문이다

파리는 왼쪽으로 날아갔고 나는 오른쪽으로 옮겨 앉았다

소문이라는 낯선 전봇대는 움직이지도 않고 소리만 동쪽으로 등 떠밀어 보냈다

나는 귀를 거기에 두고 왔다 파리가 들끓겠다

너는 기타를 늘 사선으로 메고 다녔고 너의 등은 하는 수 없이 노래를 불렀다

한 번도 기타를 탁자 위에 내려 꺼내지 않았으므로 나는 너를 음악하는 사람이라고 믿었으나 소문에는 총이라고 했다

너는 총알을 구하지 못해 기타를 내리지 못하고 너의 등은 노래를 멈추지 못해서 식은땀을 흘렸다

나는 너를 피해 몇 번이고 자리를 옮겨 앉았다 흔들리는 과녁이 되는 편이 나에게 유리했다

4부

애야 나는 그만 살고 싶구나

나는 또 화가 난다

타작 끝난 남의 콩밭에 콩 주우러 갔다가
전동차 열쇠를 잃어버린 엄마는 해가 뉘엿뉘엿해
지자
그 먼 들길을 걸어와서는 잠도 자는 둥 마는 둥

날 밝자마자 하는 수 없이 아들 불러 놓고
참고서 산다고 사기 쳐 유흥비 뜯어 가던
같잖은 아들놈 앞에 속수무책 죄지은 아이가 되
어 앉았는데

나는 두 마지기 넘는 콩밭 콩깍지 사이를
이 잡듯이 뒤지다가 그만 화가 나서
일정 때 순사처럼 엄마를 몰아붙인다

엄마는 열쇠 찾으러 간 콩밭에서 또 열심히 콩을
주워
몸뻬 주머니 한가득 쑤셔 넣고는
뒤뚱거리며 절뚝거리며 돌아다니고

나는 목도 아프고 점심 약속도 있어 그만 포기하고
열쇠 집에 전화를 걸었다

출장 열쇠는 콩알만 한 열쇠 하나 깎아 주고는
팔만 원을 내놓으라 하고
엄마는 어제 낙수 콩 두 되 주워 만 원을 벌었다고
말도 안 되는 소리 하지 말고
한 이만 원 깎아 달라고 흥정을 시작하고

나는 자꾸 출렁거리는 엄마의 몸뻬 주머니가
눈에 거슬려 그만 또 버럭 화를 낸다
재수가 드럽게 없다야 그 돈 내가 낼게 니는 걱정 마라
걱정 마라 걱정 마라 재수가 드럽게 없다야
나는 또 누가 돈이 없어 그러냐 버럭 화를 낸다

먼 산 적벽 바라보며 화를 삭여 보는데
엄마는 그사이에도 자꾸 콩을 주워 주머니에 넣는다

엄마는 불쑥

새댁 때 엄마 사진 한 장 가지고 다닌 적 있었지
가지고는 다녔지만 꺼내 보지는 않았지
엄마는 내 가슴속에 내 바지 주머니에
지갑의 거처를 따라
옮겨 다니며 여러 해를 살다가
지갑이 나를 떠나갈 때 함께 따라갔지

엄마는 그때 떠났어야 했어 분실물이 되어 떠돌아도
당분간, 외로워도 당분간,
사진이 귀한 때였으니까
하얀 저고리를 차려입었겠지
읍내까지 아부지 뒤를 졸졸 따라갔겠지

행여 잃어버릴까 봐 엄마는 아부지의 중절모만 쳐
다보며
사진관 속으로 들어갔겠지
행여 그때, 잃어버렸으면 신작로를 좀 더 걸었겠지

배가 고파 좀 쓸쓸했겠지

엄마 사진 잃어버리고 묵은 사진첩을 뒤진 적 있
었지
이쁜 엄마는 거기 없었지,
신작로를 따라 어디까지 걸어갔는지
얼마나 오래 분실물 서랍 속에 들어 있었는지
엄마는 불쑥 휠체어를 타고 나타났지

요양보호사 보호하기

죽더라도 집에 가서 죽겠다는 배수진을 치고 열악한 병원 환경을 무기로 농성한 엄마는 입원 일 년을 안 넘기고 요양병원 탈출에 성공했다

그사이 비 온 뒤 민들레꽃 피어나듯 요양보호센터가 생겨나 사뭇 경쟁이 치열해져 있었다 하루 세 시간 일요일 빼고는 매일 와서 밥이며 설거지며 빨래, 방 청소는 물론 목욕도 시켜 주고 병원까지 데리고 다닌다는 조건으로 방문 요양 보호를 신청했다

딸들은 멀리 살아서 엄마 말처럼 있어 봐야 헛것이고 며느리도 돈 벌러 다니니 엄마의 퇴원은 온 집 안에 초비상을 걸었는데 우리 집 요양보호사는 얼마나 고마운지 업고 다녀도 시원찮을 판이었다

그런 귀한 분을 엄마는 대뜸 바꿔 달라고 트집을 시작했다

손이 빨라 음식이며 청소며 친자식이래도 못 할

일을 훌륭하게 하고 눈이 빨라 엄마의 치매 증상이 어떻게 나타나는지 꼼꼼하게 알려 주고 여간 까탈스럽잖은 엄마 뒷담화 하나 없어서 더할 나위 없는데 엄마는 생트집을 부리기 시작했다

엄마 엄마 왜 그래 무슨 일이 있었어?

지 힘들다고 내가 밭도 혼자 매고 고추도 혼자 다 땄는데 오늘은 내가 허리가 너무 아파 지보고 콩 좀 뽑으라 그랬다고 "할머니 저는 그런 일 하는 사람이 아니에요" 아 이런다 그기 뭐 힘든 일이라고 콩 몇 개 되지도 않는데

아이구 엄마 요양보호사는 그런 일 하는 사람 아니야

밥하고 청소만 해도 나는 너무 고맙구만 왜 또 그래 아무리 달래 봐도 막무가내다 앞집 사곡댁이는

벌써 세 명째 갈아치웠다고 내가 성질이 좋으니 데리
고 있지 이제는 나도 못 참는다고 바꿔 달란다 암만
달래도 안 된다

엄마는 그때 어디 있었어

할머니가 나를 키워 줬어
두 주 전에 할머니를 잃은 한 사람이 말했다

나는 누가 키웠나
자두나무 아래 상자를 놓고 올라서
붉은 자두를 향해 손을 뻗을 때
할머니는 내 손을 때렸지 엄마는 집에 없었지
나는 누가 이렇게 늙도록 키웠나
언 강에, 강물에, 바람에
지독하게 맵던 바람이라니
할머니는 봄바람이 귀찮다고 그만 죽어 버렸지
열아홉의 나는
봄바람처럼 울면서 국밥을 날랐지만
문상 온 친구들은 절도 잘 할 줄 몰랐어
죽음에 익숙하지 않은 친구들에게
나는 눈물을 훔치고
내일이 발인이야 우린 선산이 있어
제법 상례를 아는 체했지만

할머니가 나를 키워 주었어, 라고 말하지 않았어
문어를 더 달라는 친구를 힐끗 보았어
경멸과 연민의 짝짝이 눈으로
도대체 나는 누가 키웠나
키운 사람이 없으니 키가 자라지 않았나

엄마
엄마는 그때 어디 있었어?

장마

하늘이 뚫렸으면 비만 왔겠어?
온갖 별들이 막 쏟아졌겠지

지지리 궁상

비료 포대 비닐을 오려 뚝딱뚝딱
부채를 만드는 엄마

그러다가 바람도 만드시겠다
농약방 가서 부채 몇 개 얻어 올 테니
궁상 좀 떨지 말라고 핀잔했다

종잇장처럼 얇아져 부서진 비누를
이태리타올에 욱여넣고 목욕하다가
더 안 나오는 치약 튜브를
가위로 오리다가
문득문득 무슨 궁상이지 생각해 보면

아직 나는 멀었다
엄마는 이쑤시개 하나로 하루를 쑤셨다

명자

명자는 제 이름이 촌스러워 일찌감치 개명 신청을
해서
산당화라는 예쁜 이름을 받아 두었으나

길 가는 사람마다 어, 명자네? 어머, 명자꽃이 피네?
촌스러운 옛날 이름으로 자꾸자꾸 아는 체를 해서

뾰로통 화가 난다
자꾸자꾸 얼굴이 붉어진다

민들레

엄마 같은 꽃
민들레 민들레 엄마 엄마
노래진 얼굴로 땅바닥에 바짝 붙어살다가
솜털처럼 가벼워져 날아가 버리는
엄마 엄마 민들레 민들레

뙤약볕 아랑곳없이 민달팽이 한 마리
민들레에게로 간다
하루 종일 걷고 또 걸어
민들레에게로 가는 민달팽이
민들레 민들레에게로 가는

일 인치만 줄여 주세요

일 인치만 줄여 주세요
허리가 큰 이월상품 바지 하나를 싸게 사서
수선을 맡기고 골목에서 기다렸네

큰 옷만 사 주던 어릴 적
엄마는 옷 크다고 투덜대면
검정 고무줄을 허리춤에 꿰어
고무 바지를 만들어 주었지
무릎이 해지면 비슷한 색 천으로 덧대어 주었지

밑단은 안으로 말아 넣어 꿰맸다가
다음 해에 풀어 주었지
일 인치만 줄여 주세요
이제는 꿰맨 바짓단 풀 일이 없네
자꾸자꾸 줄일 일만 남았네

아부지도 죽기 전에는 나보다 작아졌었지
겨울로 가는 해도 점점 짧아지고 있는데

드륵 드르륵 수선공 미싱 소리
그림자 긴 골목길을 줄이고 있네

어린이날은 고추 심는 날

비가 온다고 말해 줘, 왼쪽 서랍을 열고
둘둘 말린 채 처박혀 있는 비를, 빗소리를,
빗줄기를 꺼내 줘

내가 일어나기 전에 흔들어 나를 깨워 줘,
비가 온다고 말해 줘,
어디서든 비는 오고 있다고 말해 줘
보지 않고도 믿을 수 있도록
확신에 찬 목소리로,
눈빛으로, 몸짓으로

오늘 고추는 못 심는다고,
아부지는 벌써
날궂이 가고 없다고 말해 줘

환절기

어제는 늦은 가을비가 종일 내리고
밤에는 바람도 거세게 불어 나는 조금 쓸쓸했다
바람이 동네 골목이며 나뭇가지 사이를 지나가
면서
내지르는 소리는 이별한 사람들의 부음 같아서
그냥 나도 모르게 허공을 바라보고 앉아
그 사람의 명복을 빌어 보게 되는 것이다
바람은 아침까지도 제법 불었는지
문밖에 나서는 걸음이 어설펐는데
나뭇잎들이 하룻밤 사이에 다 떨어지고
빈 가지들이 나보다 더 쓸쓸하게 서 있었다
그중 마로니에는 큰 잎들로 가려졌던 앙크란
맨몸을 다 드러내고 어쩔 줄 몰라 하고 있었는데
나도 황급히 눈을 돌리고야 말았다
주인 객 할 것 없이 사람만 보면 무턱대고 짖어
대던
앞집 개도 딴 데로 돌아앉아 있었다
가을인가 싶더니 단풍 구경 한번 못 하고

겨울이 왔구나 나목들이 긴 겨울을 저렇게
우두커니 서 있겠구나
일하러 가는 길이 더욱 쓸쓸하여 몇 번
옷깃을 여미어도 보았다
겨울에 헤어진 애인들의 얼굴이 묻어 왔다
잠긴 목을 가다듬고 이름을 불러 보려다 그만두
었다
아침 안개가 걷히고 낮에는 바람도 멎어
푸른 하늘이 드러나 잠시 따뜻하기도 하였으나
나뭇잎을 한꺼번에 다 떨어뜨린 바람에 대한
야속함이 가시지 않아 나는 여전히 쓸쓸하였다
계절은 어김없이 가을에서 겨울로
또 겨울에서 봄으로 가고 있는 길일 테고
나는 나의 쓸쓸함이 나이를 먹어 가는 탓이라고
나이 탓을 하고서야 좀 덜 쓸쓸해져서
주섬주섬 겨울옷을 꺼내 놓고 저녁밥을 먹었다

먼 기억은 오래되어서 낡고

　먼 기억부터, 멀리서 온 사람부터 하나씩 잃어 가
는 것, 일찍 도착한 사람은 대체로 멀리서 온 사람.
먼 기억은 오래되어서 낡고 쉽게 바스라지는 기억.
아버지는 팔십 년 전에 이곳에 도착하였으므로 부리
나케 나서서 돌아가셨고, 옛 애인의 손은 거칠어져
앳된 손목을 잃었다. 먼 곳으로부터 나의 기억이 오
고 먼 곳으로 내가 가고 있다.

우화羽化

엄마는 새로 태어나겠다는 듯 동그랗게 몸을 말고
벽 쪽으로 돌아누워 있었다
카운트를 시작한 벽시계와 먼저 죽은 사내의
사진과 담뱃진이 눌어붙은 꽃무늬 벽지가 있는 쪽
으로

문은 허술했고 돌아누운 벽은 외풍이 숭숭했다
흉흉한 소문이 새어 나갈 것 같아 벽을 막아섰다

겨울은 끝나도 끝나지 않았고 봄은 꽃과 동의어가
아니었다
비닐봉지 밑바닥에 마지막 남은 한 개 꽈배기같이
말린 엄마의 몸에서 익어 가는 애벌레 냄새가 났다

엄마의 하얗게 센 뒷머리가 간신히 꽈배기에서
애벌레로 건져 올린 상상 연민의 우화寓話
지금 엄마는 잠실에 누워 애벌레의 시간을 지나가
고 있는 것이다

첫울음을 터트리며 엄마가 태어나는 날까지
벽시계는 카운트를 멈추지 않을 것이다
낡은 집의 바람벽은 더딘 바람을 쉼 없이 날라 올
것이다

빈혈

울고 나면 속이 시원해진 적 있었지요
아부지 죽고 한 열흘 지나 새벽에 일어나
엉엉 울었지요 아내 몰래 뒷방으로 가서

퍼질러 앉아 울고 나니 말갛게 해가 떴지요
어느 해 여름에는 파도치는 바닷가
빈혈로 노래진 등대를 붙잡고 펑펑 울었지요
그날은 하루 종일 울어서 해거름에는
나도 슬쩍 빈혈이 왔었지요

모과꽃 한창일 때 엄마 죽고 검은등뻐꾸기는
새벽마다 곡을 하는데 눈물이 안 나요
빨리 울어야 할 텐데 그래야 엄마도 날
용서할 텐데 그 많던 눈물은 다 어디로 갔을까

모과는 그사이 젖살이 올라
제법 대추 알만큼 컸는데 눈물이 안 나요
엄마랑 문지방에 나란히 앉아 먹던

쑥떡 생각 자꾸 나서 목만 막히고 눈물이 안 나요

얘야 나는 그만 살고 싶구나

아버지는 죽었어요 어느 날,
얘야 나는 그만 살고 싶구나
아버지는 엄마를 끔찍이 사랑했는데요
가령 엄마는 꼼짝 안 하고도 살 수 있었지요
반찬도 사다 주고 은행도 잔칫집도 아버지가 다녔
지요

엄마는 그래서 밭에서 부엌으로 난 길만 알면 됐
지요
아버지가 얼마나 끔찍이 엄마를 사랑했는지
가령 아버지 죽고 엄마는 은행 가는 길을 몰라
밭에다 구덩이를 파고 돈을 묻었어요
어떤 날은 그 돈을 파내 처음으로
읍내 마트에 두부를 사러 갔지요

어느 날 엄마는 아버지에게 버럭 화를 내며 이혼
을 요구했어요
아버지는 나이 팔십에 무슨 이혼이냐며

억울하고 황당하다는 눈빛으로 동구 밖을 서성였
지만
엄마는 나에게 말했지요
얘야 컨테이너라도 좋으니
나 혼자 살 집을 알아봐 주지 않겠니?

아버지는 죽었어요 이제 다 귀찮아졌다
엄마는 드디어 혼자 살게 되었는데요
엄마는 좋겠다 싶었는데요
아버지 죽고 삼 년 만에 엄마가 죽었어요

니 아부지 있을 때는, 니 아부지 있을 때는
말끝마다 이러더니 겁에 질린 어린아이의 눈빛으로
나를 한 번 쳐다보고 죽었어요
얘야 혼자 사는 게 무섭구나 밤에는 더 무섭구나

우리를 위한 진혼곡

김대현(문학평론가)

1.

나는 이 일들에 대해 말하고 싶지 않다. 그러면 결국 문학이 되고 말까 봐 두렵기 때문에, 혹은 내 말들이 문학이 되지는 않을 거라는 사실에 대한 자신이 없기 때문에. 그런데 다름 아닌 문학이야말로 이런 진실들에 뿌리를 내리고 태어나는 것임에도 불구하고.

—롤랑 바르트, 「어머니가 죽은 후 6일 후의 일기」*

타인에 대한 애도를 시의 형식으로 재현하는 것은 어려운 일이다. 사랑하는 사람을 잃은 슬픔은 시의 가장 주요한 가능태이지만 그 자체로 시의 현실태가 되는 일은 드물다. 애도는 질료$_{hyle}$이지만 그것이 곧 형상$_{eidos}$은 아닌 것이다. 애도에 내포되어 있는 비통함을 있는 그대로 전사할 때 시는 비명과 구분되지 않는다. 그래서 애도가 시가 되기 위해서는 일

---

*   롤랑 바르트 지음, 김진영 옮김, 『애도일기』 33쪽(이순, 2012년).

련의 형상화 과정을 거쳐야 한다. 하지만 그것은 애도하는 사람에게 또 하나의 견딜 수 없는 고통이 된다. 온전히 자신의 몫이었던 걷잡을 수 없는 슬픔은 언어 작용을 통해 제어 가능한 것으로 대상화되며 그 과정에서 보통의 경우라면 더욱 빛날 수 있는 비유와 상징들은 그 의미가 깊을수록 애도의 본질적인 영역을 침식하기 때문이다.

> 어매를 돌보던 아배가 죽고
> 망연히 두 모자 가을볕 아래 앉았다
>
> 시인이나 까막눈이나
> 할 말 없기는 매한가지여서
> '아배 보고 싶다'
> 속으로만 한 줄씩 쓴다
>
> ―「가을볕」 부분

그러므로 애도의 본질은 누구에게나 동일한 것이다. "시인이나 까막눈이나" 애도하는 대상의 부재에서 떠올릴 수 있는 유일한 것은 "보고 싶다"라는 가공되지 않은 원초적인 감정이며 그마저도 감히 말하지 못하는 실어증이 애도 본연의 모습이다. 애도는

실어증의 상태로 지속되어야 하며 애도하는 사람은
떠난 사람의 부재가 가져오는 고통에 저항하지 않고
끊임없이 감내해야 한다. 어머니의 사후, 문학을 통한
애도의 불가능성에 대해 토로하는 바르트의 일기 또
한 이와 다르지 않다.

> 선친의 죽음이 그저 그런 일이라고 말할 수는 없잖아
> 사실은 그저 그런 일인데 우리도 그처럼 죽을 테고
> 난 좀 일찍 죽었으면 해
> 어느 따뜻한 날은 좀 오래 살고 싶기도 하지만
> 더 이상 쓸쓸함에 길들여지고 싶지 않아
> 그 쓸쓸함을 견딜 정도로 내가 뻔뻔해진다면
> 그건 가장 쓸쓸한 날이겠지
>
> 오늘은 두 죽음의 부음을 받았어
> 차례차례로 조문을 하고 한 곳에서는 점심밥을
> 다른 한 곳에서는 저녁밥을 먹고 술을 몇 잔 할까 해
> ─「난 좀 일찍 죽었으면 해」 부분

애도의 끝이 종종 자기 파괴적인 결론에 이르는 것
도 이러한 이유이다. 사랑하는 사람이 없는 세상에서
"쓸쓸함에 길들여"지는 것보다 "난 좀 일찍 죽었으면

해"라고 중얼거리는 것이나 "니 애비도 없는데 저 감은 따서 뭐 하나"(「별이 빛나는 감나무 아래에서」)는 진술도 마찬가지다. 자신이 세상을 살아가는 의미를 완성하는 것은 이제는 잃어버린 사람들에게 상당부분 유보되어 있기 때문이다. 문제는 사랑하는 사람들의 부재에도 어쨌든 우리는 계속 살아가야 한다는 점이다. "선친"에 대한 애도와 함께 지속적으로 이어지는 지인의 부음들 앞에서도 시인은 "점심밥"과 오늘 저녁에 마셔야 할 술 몇 잔을 생각해야 한다. 이것이 또한 삶에 내장된 근본적인 비루함이다. 견딜 수 없는 슬픔에도 불구하고 여전히 우리는 세상에 남아 있는 것이다. 그래서 남은 사람들은 떠난 자들을 위해 반드시 무언가를 해야만 한다. 그들이 안식할 수 있도록 무덤을 조성하거나 그들의 삶을 기록하고 기억하는 것이 그렇다. 오로지 그것만이 그들의 부재에도 자신이 세상에 남아 있는 이유를 스스로에게 납득시킬 수 있다. 애도로 인한 실어증의 상태에도 불구하고 끊임없이 문학이 태어나는 까닭이기도 하다.

사과꽃 보면 엄마 생각나네
모과꽃 봐도 엄마 생각나네

제비꽃 보면 엄마 생각나네

민들레만 봐도 엄마 생각나네

—「제비꽃 보면」 부분

　시인이 아버지와 어머니에 대한 기억을 남기기로
한 것도 이와 같은 이유이다. 시인에게 있어 세계에
존재하는 모든 사물은 사랑하는 사람들과의 기억과
연동되어 있다. 그것이 "사과꽃"이건 "모과꽃"이건 또
는 이름 모를 어떤 것이라도 무방하다. 시인은 그것
이 무엇이든 "엄마"와 연결점을 찾아내어 "엄마"의
이야기를 발굴해 낼 수 있는 것이다.

2.

　문제는 부재하는 사람들에 대한 기억을 어떤 방식
으로 재현하는가에 있다. 애도에 내장된 과도한 부
채의식은 종종 떠난 사람들에 대한 기억의 일부를
무화하거나 왜곡한다. 몇몇 행장과 같이 우리가 부재
하는 대상의 가까운 사람이 펴낸 사후의 평가를 그
다지 신뢰하지 않는 이유이기도 하다. 하지만 피재
현 시인의 형식은 다르다. "아버지 성질 고약하다 하

시는 분 없었습니다 꿔 준 돈 달라고 온 사람도 없었
습니다"(「환한 꽃들이 줄을 서서」)는 진술처럼, 시인
은 애도의 감정에도 불구하고 굳이 하지 않아도 되
는 부정의 진술을 통해 아버지의 삶의 양상을 은밀
한 형식으로 드러낸다. 이를 통해 시인은 굳이 알리
지 않아도 될 아버지의 모습 또한 부인할 수 없는 아
버지의 삶의 일부임을 분명히 한다. 그리고 그 지점
에서 바로 이 시집이 가지는 미덕이 생겨난다.

> 내가 빨리 죽어야 니가 고생을 않을 텐데
> 말로만 그러고 죽을까 봐 겁나서
> 꽃잎 삼키듯 약을 삼킨다
>
> 병실 창밖 한티재에는 산살구꽃도 지고
> 마구마구 신록이 돋아나는데
> 엄마가 오래오래 살면 어쩌나
> 봄꽃 지듯 덜컥 죽으면 어쩌나
>
> 내 마음이 꼭 봄바람처럼
> 지 맘대로 분다
>
> ―「봄바람처럼」 부분

요양병원에 돌아가서는 아예 우리 아들이 그 비싼 임플 뭔가를 해 주기로 했다며 나는 됐다고 안 한다고 안 한다고 했는데도 기어이 해 주겠다고 저 난리라며 배수진까지 쳐 버렸다

(중략)

엄마는 천만 원이라는 말에 화들짝 놀라 의자를 박차고 일어나 떨떠름한 표정으로 그만 가자고 숫제 내 손을 끌고 치과를 나오는데 의사가 나를 보고 찡긋 웃는다

—「앞니」 부분

인용한 시들도 마찬가지다. 이 시들에 나타난 "엄마"의 말과 행동에는 선연한 모순이 드러나 있다. 아들이 고생하지 않도록 "빨리 죽어야"겠다는 것이나 "나는 고만 죽을란다고 내 죽으면 다 편할 일이니"(「밀당」)라고 입버릇처럼 말을 하지만 "죽을까 봐 겁나서" 약을 먹는 엄마의 행동이나, 임플란트에 상당한 비용이 드는데도 "나는 됐다고 안 한다고 안 한다고 했는데도 기어이 해 주겠다고 저 난리"라는 은근한 너스레가 그렇다. 이는 자식에게 부담이 될 것

을 알면서도 본연의 이기심을 이기지 못하는 엄마의 인간적인 모습을 드러냄으로써 시인이 묘사하는 "엄마"에 대한 기억의 진실성을 담보하는 장치로 기능한다. 그러나 이 시들에 대해 이 정도의 해석으로 그치기엔 아직 아쉬움이 남는다. "빨리 죽어야 한다"는 것과 임플란트 "안 한다고 안 한다고"라는 엄마의 진술을 단지 엄마의 속마음을 감추기 위한 거짓 진술로 취급하고 있기 때문이다. 하지만 과연 그런가?

무언가에 대한 두려움은 대상에 대한 실체감에서 온다. 아무런 실체가 없는 허상에 두려움을 느낄 사람은 그리 많지 않다. 죽음도 마찬가지다. 아직 생의 잔여분이 충분히 남은 사람에게 죽음은 큰 두려움의 대상이 아니다. 죽음은 먼 후일에 벌어질 미확정의 사건이며 지금 더욱 두려운 것은 당장의 금전적 손실이다. 지근거리에서 죽음과 직면해 보지 않은 사람들만이 죽음을 두려워하지 않는 것이다. 그들은 아직 수십 번의 "신록"을 더 맞이할 수 있다. 그러나 "엄마"는 다르다. 요양원에 있는 엄마는 이미 죽음과 직면해 있다. 해마다 반복되는 신록도 지금이 마지막일지 모른다. 이처럼 죽음에 대한 두려움에도 불구하고 "빨리 죽어야 한다"고 말을 할 수 있다는 것이 "엄마"의 용기이다. 이를 방증하는 것이 임플란트에 대한 "엄마"의 생각이다. "앞니"를 희언의 대상으로 삼을 수 있는 것은 "앞니"가 멀쩡한 사람들이다. "앞니"가 없는 불편함은 "앞니"가 없는 사람만이 체감할 수 있다. 그럼에도 "엄마"는 자식에게 부담을 주지 않게 언제든지 자신의 효용을 포기하는 것이다.

이처럼 시인은 엄마의 언행을 은폐하거나 굴절하지 않고 있는 그대로 드러내는 형식으로 '엄마와 아부지'에 대한 기억을 재현한다. 감추고 싶은 언행을 외부로 전시한다는 점에서 조금은 당사자의 존엄을 훼손할 수 있는 이 형식이 윤리적일 수 있는 이유는 이를 기록하는 시인 또한 "엄마가 오래오래 살면 어쩌나"라는 마음과 "덜컥 죽으면 어쩌나"라는 마음 사이에서 "봄바람처럼" 흔들리는 자신의 이중적인 태도를 숨기지 않고 있는 그대로 전시하고 있기 때문이다.

3.

다시 문제는 시인의 기록이 도대체 무엇을 위한 것일까라는 의문이다. 부모의 죽음은 지금까지 시인의 세계를 구성하고 있는 주요한 부분이 붕괴하는 커다란 사건이다. 하지만 이 사건이 우리의 은하계에서 처음 겪는 일은 분명히 아니다. 우리 모두는 무수히 많은 유사한 사건과 감정을 이미 반복하여 겪었으며 또한 겪을 예정에 있다. 그럼에도 시인은 이를 기록하고 우리에게 전달하려 한다. 이것은 조금 낭비처럼 보인다. 하지만 여기에는 분명 이유가 있다. 이는 시인이 개개의 사건들이 가지는 동질성에도 불구하고 각각의 사건이 가지는 미세한 차이점을 인지하고 그 사건에 개입하여 기존에 인식되지 않았던 새로운 의미를 생성하여 우리에게 전달하려는 것에서 기인한다. 이런 맥락에서 시인에게 '엄마와 아부지'의 죽음과 그 과정에 나타난 정황들은 바디우적 사건이다. 시인의 작업이 개인적 애도의 결과물에 그치는 것이 아닌 이유도 여기에 있다.

엄마 방에는 여섯 명의 환자들이 있다
여섯 명의 평균연령은 대략 88세쯤
팔십하나 엄마가 평균을 많이 깎아먹었다
한 사람은 하나의 우주라고 했으니
엄마의 요양원은 소멸해 가는 별들의 태양계
늙은 별들이 사라지고 샛별 대신
다른 은하계 낡은 별들의 이주로 채워지는
유배의 태양계

(중략)

엄마가 꿈꾸는 외계는 깨꽃이 피고 냉이가 지천이며

하루 들에 나가 일을 하면 오만 원을 주는

꿀과 젖이 흐르는 땅이다

나는 그 외계에서 우주선을 타고 엄마를 만나러

부실한 태양계에 자주 진입하지만

내 우주선은 일 인승이라 엄마가 탈 자리는

없을뿐더러

꿀과 젖이 흐르는 외계 따위 존재하지 않는다고

FBI처럼 엄마를 바보로 만든다

엄마 방에는 외계의 있음을 믿지 않는 다섯 명이

내가 다녀가면 엄마를 앉혀 놓고 외계 따윈 없다고

도대체 하느님을 본 사람이 누구냐고

제발 정신 차리라고 엄마를 윽박지른다

엄마는 오늘도 탈출을 꿈꾼다

　　　　　　　　　　　　—「엄마의 태양계」 부분

　공동체에 대해 우리가 종종 오해하고 있는 것은 공
동체가 그 안에 머물고 싶어 하는 누구에게나 열려
있는 것으로 생각한다는 점에 있다. 하지만 공동체는
사실 그처럼 너그럽지 않다. 오래전 푸코의 지적처럼

공동체는 자신의 조절과 유지에 방해가 된다고 인식하는 것에 대하여는 구획을 설정하고 보이지 않는 차단막을 통해 다수 구성원의 시선 밖으로 은밀히 격리한다.

여섯 명의 연령이 평균 "88세"에 달하는 노인들이 모여 있는 요양원도 그중 하나이다. 이곳에 있는 노인들은 이미 사회적 용도를 다하여 더 이상 "냉이 캐기"도 할 수 없는 이른바 "끝물"(「끝물」)에 해당하는 사람들이다. "소반에 콩 고르듯이 사람이 죽어 나가"(「소반에 콩 고르듯이」)는 병실에서 "소멸해 가는 별들의 태양계"를 구성하고 있는 그들은 이미 이전에 자신이 살던 "꿀과 젖이 흐르는 외계"를 잊은 지 오래다. 가끔 "엄마"처럼 "유배의 태양계"에 진입한 지 얼마 안 되는 사람들이 나타나 "외계"에 대해 이야기하지만 오히려 그들은 "제발 정신 차리라고 엄마를 윽박지른다." 그들이 외계를 믿지 않는 까닭을 이해하는 것은 크게 어렵지 않다. 실현 가능성 없는 희망은 완벽한 절망보다 인간의 고통을 더욱 강화한다는 점에서 니체의 사유와 맞닿아 있기 때문이다.

자신 또한 유배지에 있다는 것을 깨닫지 못하고 아직 희망을 버리지 않은 "엄마"는 그들로부터 "오늘도 탈출을 꿈"꾸지만 이를 도와줄 수 있는 유일한 사람인 아들의 "우주선"은 애초에 엄마와 함께 귀환할 생각이 없는 "일 인승"이다.

　　답답한 엄마 마음 잘 알지만 그러지 마 그깟 사촌 동서 앞에서 그렇게 어린아이처럼 울어 버리면 나는 뭐가 되냐고 처음 문병 오면서 제일 싼 박카스 한 통 들고 와서는 만 원짜리 한 장도 안 쥐여 주고 가는 동서 앞에서 그렇게 서럽게 울어 버리면 우리 자존심은 뭐가 되냐고

　　자 연습해 보자 엄마 응 또 누가 병문안이랍시고 오면 자네 왔는가 우리 아들이 집이 춥다고 겨울은 이 병원에서 나자고 그러네 돈도 없을 텐데 아들이 고생이지 뭐 여긴 호텔처럼 따뜻하네 밥도 잘 나오고 목욕도 시켜 주고 이런 데가 다 있었네 나 살찐 것 좀 보게 하하하 그리고 일단 봄이 오면 다시 생각하자 엄마 응?

—「겨울은 여기서 나자」 부분

　　인용한 시 또한 요양원 선배들이 보이는 체념의 태도가 단순히 기억력의 망실에서 기인한 것이 아니라는 것을 방증한다. 여전히 "외계"를 그리워하

는 "엄마"는 "사촌 동서"처럼 자신에게 관심을 보이고 다가오는 누구에게나 투정을 부려 보지만 그들 중 아무도 엄마를 데리고 나갈 생각은 없다. 그들이 "엄마"를 찾아오는 이유는 "제일 싼 박카스 한 통"으로 자신이 "엄마"의 상태에 대해 잊지 않고 있으며 그렇기 때문에 윤리적인 사람이라는 것을 대외적으로 인증받기 위한 것에 지나지 않는다. 이는 "아들" 또한 마찬가지다. 아들이 두려워하는 것은 "엄마"의 '울음' 그 자체가 아니라 "엄마"가 "사촌 동서" 앞에서 울었다는 정황이다. 이는 자신이 "엄마"를 제대로 모시지 못한다는 대외적 표지로 기능하며 자신의 "자존심"에 상처를 입히기 때문이다. 하지만 "아들"의 대책은 "엄마"를 요양원에서 모시고 나가는 것이 아닌 "엄마"의 현재 상태를 '잘 있는 것'으로 위장하는 데 있다.

이처럼 시인이 겪은 사건을 통해 우리는 요양원이 더 이상 병자의 치료와 요양을 위한 곳이 아니라 자신이 감당할 수 없는 존재를 격리하기 위한 공간임을 인지하게 된다. 하지만 이러한 깨달음을 공공연히 외부에 전시하는 것은 또 다른 일이다. 자칫 요양원의 기능이 폐기라도 된다면 공동체는 최적의 상태를 유지하기 위해 부적격자를 선별할 수 있는

동시에 자신의 비윤리성을 은폐할 수 있는 최적의
장치를 잃어버리게 되는 것이다.

4.

다시 처음으로 돌아가자. 피재현 시인의 이 시집
은 누구나 겪을 수 있는 "엄마"와 "아부지"의 죽음에
대한 기억과 그 기록이지만 그 기억의 형식은 분명히
다르다. 이는 시인이 자신이 기억하는 범위를 실물의
시간에 한정하고 있지 않기 때문이다.

> 아들은 나랑 조금 놀다가
> 친구들이랑 놀러 갔다
> 나는 아부지랑 오래오래 놀 수 있었는데
> 아빠는 나랑 놀아 주지 않았다
>
> 나는 아부지가 늙어 아빠가 되어서야
> 함께 목욕탕에 갔다
> 내가 데리고 갔다 내가 놀아 주었다
> 비싼 하드도 사 줬다
>
> 중복 앞둔 아부지 첫 제삿날

날은 오지게 덥고
막걸리 사러 간 아들이 돌아오기 전에
아빠랑 물총 싸움이나 한판 하고 싶다
　　　　　　　　　　　　　—「아빠 놀자」 부분

　누구에게나 어머니와 아버지에 대한 기억이 있다. 어린 시절에 이별을 한다는 것처럼 특별한 사정이 없는 경우 대체로 부모는 한 사람의 시작에서부터 삶의 영역 전반에 걸쳐 깊은 그림자를 드리우고 있기 때문이다. 어린 시절 따뜻한 온기로부터 엄격한 훈육에 이르기까지 그 기억을 잊을 수 없는 것은 자명한 일이다. 하지만 그것이 어머니와 아버지라는 한 인간에 대한 온전한 기억이라고 장담할 수는 없다. 우리의 기억이 그들이 어머니와 아버지가 되기 이전의 영역에 도달하는 것은 물리적으로 불가능하기 때문이다. 우리가 "어머니"만을 기억하는 한 어머니는 우리의 마음 속에서 "이쁜 엄마는 거기 없었지"(「엄마는 불쑥」)라는 진술처럼 젊은 시절이 거세된 존재로, 결국엔 여의고 마는 대상이 된다.
　그래서 시인은 "어머니"가 아닌 "윤채선"을 기억한다. "어머니"는 자녀라는 타인과의 관계 속에서만 호명될 수 있는 개념으로, 세상에 홀로 설 수 있는 단독자의 개념이 아니기 때문이다. 하지만 "윤채선"이라는 고유명은 다르다. "윤채선"은 그 기표 안에 어머니를 포함해 누군가의 마음을 설레게 한 소녀로부터 누군가의 아내까지 다양한 가능태들을 포함하는 단독자이다. 그래서 "윤채선"을 기억하는 건 시인이 알고 있는 어머니의 삶과 시인이 모르는 어머니의 삶을 모두 긍정하고 기억하겠다는 의지의 소산이기도 하다.

"아부지"가 아닌 "아빠"랑 놀겠다는 것도 마찬가지다. "아빠"와 "아부지"는 개념의 외연은 유사하지만 내포하는 바는 전혀 다르다. "아부지"는 훈육자의 지위로 아들과의 관계에서 외부로 표시된 상태들의 집합에 해당한다. 하지만 "아부지"도 아들에게 보일 수 없는 욕망이 있는 존재임은 분명하다. "아빠"라는 지칭은 어린아이처럼 "하드"를 핥고 함부로 "물총"도 쏘고 싶은 그런 욕망들의 총체를 의미한다. 그러므로 "아빠 놀자"는 말 또한 그를 '아버지'의 신분에 국한하지 않고 한 인간으로서 기억하겠다는 의지인 것이다.

5.

  피재현의 『원더우먼 윤채선』은 아버지가 세상을 떠난 후부터 이후 어머니가 요양원에 머물다 세상을 떠난 후까지의 기록이다. 시인은 오랜 시간의 애도를 통해 어머니와 아버지에 대해 자신이 가지고 있는 온갖 형태의 기억에 형상을 부여하기 위해 노력한다. 이 시집은 그 애도와 분투의 결과물이다. 그 과정에서 시인은 아버지와 어머니의 삶에 내포된 다양한 굴곡들을 섬세하게 드러냄으로써 애도와 함께 그들의 삶을 대외적으로 공시한다. 그러므로 이 시집은 시인이 직접 밝힌 바와 같이 이제는 더 이상 세상에 자리하지 않는 엄마 아부지의 "무덤이다"(「시인의 말」).

  하지만 그렇다고 해서 이 시집을 오로지 시인 고유의 슬픔을 정리하고 있는 결과물로만 볼 것은 분명히 아니다. 앞서 말한 바와 같이 우리의 양심을 흠 없이 보전하기 위해 우리가 애써 외면하고 있는 노년의 생태계를 적나라하게 보여 줌으로써 우리의 마음 어딘가를 끊임없이 자극하고 있기 때문이다. 그러므로 이 시집은 시인의 어머니와 아버지에게 국한된 것이 아니라 앞으로 그와 같은 현실을 겪을 우리 모두를 긍휼히 여기는 진혼곡이기도 하다.

원더우먼 윤채선

2020년 11월 24일 1판 1쇄 펴냄
2022년 2월 22일 1판 4쇄 펴냄

지은이	피재현
펴낸이	김성규
책임편집	김은경 미순 조혜주
디자인	김동선
펴낸곳	걷는사람
주소	서울 마포구 월드컵로16길 51 서교자이빌 304호
전화	02 323 2602
팩스	02 323 2603
등록	2016년 11월 18일 제25100-2016-000083호

ISBN 979-11-89128-97-5   04810
ISBN 979-11-89128-01-2   (세트)